Cocina
informal
para amigos

DIRECTORA DE COLECCIÓN: TRINI VERGARA

CHEF: PÍA FENDRIK

FOTOGRAFÍA: ÁNGELA COPELLO

V&R
EDITORAS

COCINA INFORMAL PARA AMIGOS

Cocinar para los amigos es, para quienes amamos la cocina, una de las ocasiones de mayor placer. Es el momento para agasajar con toda libertad, por puro gusto y con gran entusiasmo. Ahora bien, suele ocurrir que, cuando planeamos el menú, nos cuesta tomar decisiones, ya que queremos lucirnos, dejar a todos satisfechos y, especialmente si nuestros amigos son muchos, cuidar de no excedernos en el gasto. Para esas situaciones hemos creado este libro, con la mejor selección de recetas, adecuadas a todos los gustos.

Le damos especial importancia a las entradas y "picadas", ya que sabemos que muchas veces con ellas, unos buenos vinos y un buen postre, tenemos solucionada nuestra reunión (y felices a nuestros comensales).

Desde unas clásicas pizzetas caseras, hasta platillos famosos, como el guacamole o el ceviche... o bien informales y sofisticados, como las bruschettas de salmón ahumado, se encuentra aquí una variedad estupenda de entradas fáciles y tentadoras para todos.

Al mismo tiempo, proponemos una serie de platos y guisos abundantes, para las ocasiones en que haya muchos comensales, y nuestro presupuesto deba ajustarse. Por ejemplo: un guiso de lentejas, un curry de cordero, una exquisita moussaka o una deliciosa y rendidora lasagna.

En esas ocasiones la mayoría de los amigos estará esperando, además, algo dulce. Con este libro todos disfrutarán de esos postres y conservarán por mucho tiempo su sabor en la memoria.

Todo esto con una fórmula fácil, sin correr riesgos y, además, tan agradable para quien prepare cada receta como para sus amigos.

CONSEJOS PARA RECIBIR AMIGOS

- Intentar planificar con tiempo. Todo lo que se pueda tener pensado y comprado antes, mejor. Así se podrán prever y solucionar las sorpresas que se presenten.

- Calcular siempre un 20% más de gente, por lo tanto, de cantidades. Se ganará en tranquilidad y, si finalmente no era necesario, se podrá contar con exquisitas sobras para el día siguiente.

- Concentrarse en un solo plato más preparado y el resto, de elaboración más simple.

- También es muy práctico elegir una receta que se pueda preparar uno o dos días antes. Por ejemplo: un postre que necesite enfriarse durante varias horas o un guiso del que se pueda cocinar la mitad de su tiempo total, y dejar el último tramo de cocción para antes de servirlo.

- No dudar en pedir ayuda, si se necesita. Será mejor aún poder pedirla a alguno de los comensales, antes o durante la reunión. A casi todas las personas les gusta participar.

- Aunque las recetas de este libro son muy fáciles, en el caso de elegir una con cierto riesgo, nuestro mejor consejo es hacerla y probarla unos días antes. Así, cuando se la prepare nuevamente para los amigos, se sabrá exactamente cómo proceder y cómo quedará.

- Cocinar es una de las actividades más placenteras y creativas que una persona puede realizar. Animamos especialmente a inventar las propias recetas, a partir de las que damos en este libro. Un ingrediente extra para variar el sabor, el reemplazo de un vegetal por otro, de una fruta por otra, una manera diferente de presentar un plato… todos toques personales que disfrutarán tanto el chef como sus amigos.

- Un libro de cocina es una herramienta clave para utilizar técnicas y fórmulas precisas para preparar algo específico. Pero también es una maravillosa fuente de inspiración, que puede abrir caminos nuevos en este oficio, pasatiempo, hobby o —como lo es para muchos— en este verdadero arte de cocinar.

Con las manos / para picar

Brochettes de carne y pollo

Una idea fácil y sabrosa, que puede ser el plato central, para acompañar con ensaladas u otras guarniciones.

INGREDIENTES

500 g / 17 oz de carne de ternera magra

500 g / 17 oz de pechugas de pollo

2 pimientos morrones verdes o rojos, cortados en cuadrados medianos

2 tazas de tomates/jitomates cherry, rojos y amarillos

1 taza de cebollitas*

Para la marinada:

2 cdas. de mostaza

4 cdas. de salsa de soya

1 cda. de ciboulette/cebollín, picado

2 cdas. de azúcar negra/morena

2 cdas. de salsa tipo ketchup

sal y pimienta

12 palitos para brochette metálicos o de madera

Rinde 12 brochettes

Como entrada se calcula una brochette por persona, si fuera plato principal habría que calcular dos por persona.

* Se pueden reemplazar por cebollitas pickles o en escabeche, después de remojarlas en agua durante 12 horas, cambiándoles el agua, para que pierdan el vinagre.

PREPARACIÓN

Cortar la carne de ternera y las pechugas de pollo en cubos medianos, de 2 cm de lado aproximadamente. Cortar los pimientos morrones en rombos medianos. Intercalar los ingredientes –carne, pollo, tomates cherry, cebollitas, pimientos– en los palitos (se pueden armar algunas brochettes de pollo y otras de carne o hacerlas mixtas).

La marinada: en un recipiente amplio y poco profundo, mezclar la mostaza, la salsa de soya, la ciboulette, el azúcar y el ketchup. Colocar las brochettes dentro de la marinada y dejar durante una hora. Cocinar en el horno a fuego moderado (180ºC), durante 30 minutos. Pincelar/bañar durante la cocción con la marinada, para evitar que las brochettes se sequen.

Para que la carne no se quede pegada a los palitos de madera, conviene remojar éstos en agua, durante 4 horas, antes del armado de las brochettes.

Acompañar con una ensalada de papines/papas de cambray, cocidas en agua, enfriadas y condimentadas con una mayonesa ligera y ciboulette picada.

Bruschettas de salmón

INGREDIENTES

1 pan de campo o francés

6 cdas. de aceite de oliva

2 cdas. de orégano seco

4 cdas. de mantequilla/manteca, a temperatura ambiente

1 cda. de ciboulette/cebollín, picado

1 cda. de tomillo fresco, picado

1 cda. de orégano fresco, picado

1 taza de hojas de rúcula/arúgula, seleccionadas para que sean parejas

1 cda. de aceite de oliva extra virgen

1 cda. de jugo de limón

400 g / 14 oz de salmón ahumado, en fetas o láminas

sal y pimienta negra recién molida

1 lima*

Rinde 12 bruschettas

* Se puede reemplazar por un limón de cáscara verde, o bien uno común.

Infaltable en una mesa de picadas o tapas modernas, ricas y sofisticadas. El único secreto está en elegir un muy buen pan y utilizar hierbas frescas.

PREPARACIÓN

Cortar 10 rebanadas de pan, de 1 cm de ancho. Con un pincel, untarlas con el aceite de oliva, y espolvorearlas con orégano seco. Disponer en una bandeja para horno y cocinar a temperatura fuerte (220ºC) durante unos minutos, hasta que estén doradas; luego darlas vuelta y dorarlas por el otro lado.

Mezclar la mantequilla con las hierbas picadas, una pizca de sal y conservar en el refrigerador. Con un cuchillo de punta redonda, untar las tostadas con la mantequilla de hierbas.

A último momento, rociar las hojas de rúcula con aceite de oliva extra virgen y jugo de limón, y disponerlas sobre las tostadas. Colocar encima las fetas de salmón ahumado, rociar con gotas de aceite de oliva y condimentar con la pimienta negra. Acompañar con rodajas de lima.

VARIANTES

Se puede reemplazar el salmón ahumado por fiambres, como cerdo horneado y ahumado, jamón crudo, o por una variedad de verduras asadas. Para esta última opción, cortar en rodajas finas: berenjenas, pimientos, tomates/jitomates y cebollas, y colocarlos en una bandeja para horno. Rociar con aceite de oliva, sal y pimienta. Cocinar en horno moderado durante 30 minutos.

Paquetitos Caprese

INGREDIENTES

300 g / 10 ¹/₂ oz de queso mozzarella, cortado en cubitos

3 tomates/jitomates pelados y sin semillas, cortados en cubitos

30 hojas de albahaca fresca, picadas

3 cdas. de queso parmesano rallado

3 cdas. de queso crema

sal y pimienta

24 tapas de masa para empanadas*

1 huevo batido

Rinde 24 paquetitos

* Se puede reemplazar por masa philo –que se vende preparada– cortándola en cuadrados de 12 cm de lado.

Estos bocaditos calientes son una delicia para disfrutar en una reunión informal. Se comen con la mano y se pueden hacer de rellenos variados. Aquí proponemos uno de gusto muy general.

PREPARACIÓN

Mezclar todos los ingredientes. Colocar una cucharada de la preparación en el centro de la masa. Pincelar los bordes con agua *(ver abajo)*. Tomar uno de los extremos y llevarlo hacia el centro. Tomar el otro extremo y encimarlo sobre el anterior. Doblar los otros dos extremos hacia el centro, haciendo presión. Barnizar la masa con el huevo y cocinar en el horno a temperatura moderada (180ºC) hasta que la masa esté dorada.

VARIANTE

Paquetitos de espinaca, cebolla y queso gruyère: picar 1/2 cebolla y saltearla en una cucharada de aceite de oliva, agregar 500 g / 17 oz de espinaca fresca picada fina y 200 g / 7 oz de queso gruyère rallado. Sazonar con sal y pimienta, rellenar y cocinar de la misma forma que en la receta.

Vasitos de mousse de atún con concassé de tomates/jitomates

Una entrada tan sabrosa como vistosa e informal. Se sirve con una cucharita de té colocada dentro de cada vasito.

INGREDIENTES

2 latas de atún en aceite (aproximadamente de 120 g / 4 oz c/u)

ralladura de 1 limón

jugo de $1/2$ limón

1 cda. de mostaza

200 g / 7 oz de queso crema

100 ml de crema de leche

2 cdas. de queso parmesano rallado

1 cda. de aceite de oliva

$1/2$ sobre de gelatina sin sabor (3,5 g / $1/8$ oz)

2 tomates/jitomates, sin semillas, cortados en pequeños cubitos

4 cdas. de perejil, picado

sal

Rinde 12 vasitos

PREPARACIÓN

Con el procesador o la licuadora, procesar el atún con la ralladura de limón, la mostaza, el queso crema, la crema de leche, el queso parmesano y el aceite de oliva.

En una taza, hidratar la gelatina en el jugo de limón. Calentarla en el microondas, durante 20 segundos, y agregarla a la preparación de atún. Mezclar hasta integrar perfectamente. Colocar la preparación en vasitos individuales. Mezclar los tomates picados con el perejil y condimentar con un chorrito de aceite de oliva y sal. Distribuir sobre los vasitos. Llevar al refrigerador durante una hora.

VARIANTE

Vasitos de mousse de palta/aguacate con concassé de tomates: seguir la receta de la misma manera, pero reemplazando el atún por 250 g / 9 oz de pulpa de palta pisada o machacada, agregándole el jugo de $1/2$ limón, para que no se oxide.

Langostinos picantes

INGREDIENTES

800 g / 28 oz de langostinos/gambas

jugo de 2 limas*

gotas de salsa tabasco

1 puñado de hojas de perejil enteras

2 cdas. de coco rallado

2 cdas. de aceite de oliva

3 cdas. de mantequilla/manteca

3 cdas. de perejil, picado

sal y pimienta

Rinde para 12 personas

* Puede utilizarse jugo de un limón.

*Un lujo para ofrecer a los amigos en ocasiones especiales.
Puede ser una picada, acompañada de otras tapas,
o una finísima entrada antes de unas pastas con vegetales.*

PREPARACIÓN

Macerar los langostinos con el jugo de lima, la salsa tabasco, las hojas de perejil, la sal y pimienta, durante 2 horas en el refrigerador. Tostar ligeramente el coco en una sartén, hasta que empiece a cambiar de color —no se debe descuidar, ya que se quema muy fácilmente. Retirar los langostinos de la marinada y reservar. Luego, calentar una sartén con el aceite de oliva y la mantequilla. Dorar los langostinos de ambos lados. A último momento, espolvorear con el perejil picado. Servir los langostinos dentro de conchas de vieiras o bien en cazuelitas o platitos de té, y decorar con el coco tostado y hojas de perejil. Se calculan entre 5 o 6 langostinos por persona.

INGREDIENTES

Para la masa:

25 g / 1 oz de levadura fresca

4 cdas. de agua tibia

1 kg de harina 000 (harina de fuerza)

1 cda. de sal

4 cdas. de aceite de oliva

600 ml de agua

Para el relleno:

400 g / 14 oz de bacon/panceta/tocino, en finas láminas

200 g / 7 oz de salsa de tomate/jitomate para pizza*

800 g / 28 oz de queso mozzarella, cortado en tiras o rallado grueso

5 tomates/jitomates, cortados en rodajas finas

4 cdas. de orégano seco, picado

Rinde 4 pizzas grandes o 24 pizzetas

* Se puede comprar preparada o bien hacerla con una cebolla picada finamente, salteada en aceite de oliva, agregarle el contenido de 2 latas de tomates/jitomates picados, con su jugo, sal y pimienta, y cocinar 40 minutos a fuego bajo, sin tapar.

Pizzetas

PREPARACIÓN

La masa: disolver la levadura en el agua tibia
y dejar levar tapada, durante 20 minutos,
en un lugar templado. Disponer en una mesa
la harina y la sal en forma de corona. En el
centro agregar la levadura y el aceite. Integrar
de a poco y añadir la cantidad de agua necesaria
hasta formar una masa tierna. Amasarla hasta
lograr que quede lisa y elástica. Dividir en 4
partes iguales (o en 24 más pequeñas). Tapar
con un lienzo y dejar levar durante 15 minutos.
Volver a amasar cada parte por separado;
con cada una hacer un bollo y estirar hasta
que quede redonda y de ¹/2 cm de espesor
(ver abajo).
Colocar cada pizzeta en una bandeja para horno
aceitada y pincharla con un tenedor. Cocinar
en horno fuerte (220ºC), durante 20 minutos,
hasta que estén apenas doradas. Retirar.
El relleno: dorar el bacon directamente sobre la
sartén y reservar. Dividir la salsa de tomate,
la mozzarella y el bacon dorado en tantas partes
como se necesiten. Cubrir cada masa
con su parte de salsa de tomate
y de mozzarella. Encima, distribuir
las rodajas de tomate, el orégano
y el bacon. Llevar al horno, a fuego
moderado (180ºC), hasta que el queso se derrita
y la masa esté dorada, entre 10 y 15 minutos
aproximadamente.

VARIANTES

Cuatro quesos: encima de la salsa de tomate,
distribuir una mezcla de 100 g / 3 ¹/2 oz de queso
azul desmenuzado, 100 g / 3 ¹/2 oz de provolone
rallado, 100 g / 3 ¹/2 oz de parmesano rallado
y 100 g / 3 ¹/2 oz de mozzarella rallada gruesa.
(Rinde 2 pizzas grandes).

Mediterránea: encima de la salsa de tomate, colocar
200 g / 7 oz de queso mozzarella rallado, 6 u 8
aceitunas negras por pizza y tiras de pimientos
morrones asados de tres colores (previamente
untar cada uno con aceite de oliva, hornear hasta
que se doren, enfriar envueltos en papel plástico
transparente, pelar, descartar las semillas
y cortar en tiras). Llevar a horno fuerte 10
minutos o hasta que el queso esté derretido.
Decorar con hojas de rúcula/arúgula.
(Rinde 2 pizzas grandes).

Dar forma a los bollos con movimientos
circulares de la mano, sobre la mesada,
logrando formar una bolita lisa, cerrando
la base. Con los dedos, transformar cada bollo
en una pizzeta redonda, aplastando hasta lograr
el tamaño deseado.

La tabla de quesos y fiambres

No hay picada más festejada que una buena tabla de quesos y fiambres, chacinados o embutidos. Aquí damos algunos consejos para asegurarse el éxito.

INGREDIENTES

200 g / 7 oz de queso tipo gruyère o émmenthal

100 g / 3 ¹/₂ oz de queso azul (como gorgonzola o roquefort)

200 g / 7 oz de queso brie

150 g / 5 oz de algún queso de cabra (como chevrotin)

200 g / 7 oz de jamón crudo, serrano o de Parma

100 g / 3 ¹/₂ oz de queso blanco cremoso, saborizado con ciboulette/cebollín picado

150 g / 5 oz de fiambres ahumados (ciervo, jabalí, lomo de cerdo)

100 g / 3 ¹/₂ oz de paté o embutido tipo leberwurst

100 g / 3 ¹/₂ oz de aceitunas griegas o rellenas

200 g / 7 oz de verduras frescas (bastoncitos de zanahorias, apio, etc.)

24 huevos de codorniz duros

200 g / 7 oz de frutas secas (como nueces y almendras)

Tabla para 12 personas, si es aperitivo; para 6 personas, si es el único plato y va acompañado con algunas ensaladas.

PREPARACIÓN

La variedad de fiambres, embutidos y encurtidos es muy grande. Esta selección es una posibilidad. Buscar la combinación que más guste. La presentación es muy importante, recordar que la vista es el primer sentido que utilizamos al comer. Cortar los quesos, fiambres y vegetales en porciones que se puedan comer de un solo bocado, en forma pareja y cuidadosa.

Elegir una tabla grande redonda, de preferencia, o dos tablas iguales medianas —si conviene más—, según la organización de los comensales en el lugar de la reunión. Comenzar por los quesos duros en el borde externo o en un costado, e ir alternando hacia el centro o hacia el otro costado, con los fiambres y los quesos más blandos. El paté conviene refrigerarlo bien, para poder cortarlo en rodajas muy finas. En pequeños recipientes, colocar los vegetales y el queso blanco untable y las aceitunas, y repartir a gusto las nueces y/o almendras. Acompañar con tostadas, crackers y pancitos saborizados, estos últimos servidos calientes, con un golpe de horno. No conviene presentarlos en la misma tabla, sino en paneritas separadas. Las tostadas pueden hacerse de pan francés cortado en rebanadas finas, pintadas con una mezcla de aceite de oliva y orégano, y horneadas por ambos lados.

Guacamole

INGREDIENTES

1 cebolla, picada fina

1/2 ají/chile verde o rojo/serrano, sin semillas*

2 cdas. de cilantro fresco, picado

4 paltas/aguacates

jugo de 1 lima o 1 limón

2 tomates/jitomates, sin piel ni semillas *(ver abajo)*, picados en cubitos pequeños

sal

Rinde para acompañar 48 nachos

* En México se usan 2 ajíes/chiles al menos, ya que se busca un sabor más picante.

Uno de los platos mexicanos que más éxito ha tenido en la cocina internacional, ideal para incluir en una reunión informal. Si se va a acompañar con los clásicos nachos, es importante que éstos estén frescos y crocantes.

PREPARACIÓN

Picar muy finamente la cebolla con el ají o chile y el cilantro fresco. Por otra parte, cortar las paltas en 2 mitades, retirar el carozo o hueso y con una cuchara extraer la pulpa. Colocar esta última en un recipiente de vidrio, agregar el jugo de lima y pisar con un tenedor o pisa puré hasta desintegrar la pulpa (la preparación no tiene que quedar totalmente lisa). Agregar la mezcla de cebolla, ají y cilantro picados, el tomate y pisar todo un poco más. Condimentar con sal y acompañar con nachos, crackers u otro tipo de chips.

Cómo pelar tomates/jitomates

Hacer un corte en forma de cruz sobre la base. En una cacerola con agua hirviendo sumergir los tomates durante 2 minutos. Luego pasarlos a un recipiente con agua helada durante unos segundos. La piel se podrá retirar fácilmente.

Ensalada de lechugas variadas, queso brie, gajos de naranja y almendras

INGREDIENTES

Para la ensalada:

6 tazas de variedad de lechugas, bien lavadas

300 g / 10 $\frac{1}{2}$ oz de queso brie, cortado en láminas

200 g / 7 oz de almendras, peladas y tostadas *(ver abajo)*

4 naranjas, peladas y cortadas en gajos *(ver abajo)*

Para la vinagreta:

$\frac{1}{4}$ de taza de vinagre de frambuesa (o alguno similar)

$\frac{1}{2}$ taza de aceite de oliva extra virgen

1 cda. de miel

1 cdita. de mostaza

sal y pimienta

Rinde para 12 personas

Siempre es conveniente agregar una ensalada al menú. Es el toque de frescura y pocas calorías que todos necesitamos. Proponemos una combinación muy fácil y original.

PREPARACIÓN

La ensalada: disponer dentro de un recipiente las lechugas cortadas con las manos, en trozos grandes. Acomodar sobre éstas el queso, las almendras y los gajos de naranja.

La vinagreta: batir enérgicamente todos los ingredientes hasta formar una emulsión estable. Condimentar la ensalada al momento de servir, revolviendo bien, con cucharas grandes o con las propias manos.

Cómo pelar al vivo una naranja y extraerle los gajos
Con un cuchillo filoso, pelar la naranja sacándole lo blanco. Separar los gajos de la membrana que los une, extrayéndolos con cuidado, y retirarles las semillas.

Almendras peladas y tostadas
Para pelar almendras fácilmente, sumergirlas 5 minutos en agua hirviendo, luego pasarlas a un recipiente con agua helada. La piel se desprenderá con un poco de presión de los dedos. La mejor manera de tostar almendras es directamente en una sartén sobre el fuego, removiendo con frecuencia y cuidando que no se quemen.

Ensalada mediterránea

INGREDIENTES

Para la ensalada:

4 tazas de hojas de rúcula/arúgula o diente de león

200 g / 7 oz de jamón crudo o serrano, cortado en tiritas

1 taza de bocconcini* cortados al medio

1 taza de croutons *(ver abajo)*

Para la vinagreta:

2 cdas. de mayonesa

1 cda. de mostaza

3 cdas. de vinagre de vino

6 cdas. de aceite de oliva

sal y pimienta negra, recién molida

2 cdas. de queso parmesano rallado

Rinde para 12 personas

* Se pueden reemplazar por mozzarella fresca cortada en cubos.

Esta ensalada se puede servir tanto como entrada, acompañando unas carnes asadas, o como una opción en un buffet froid. La rúcula/arúgula puede reemplazarse por otra hoja verde, como cualquier variedad de lechuga, berros, hojas de espinaca, o una combinación de todas ellas.

PREPARACIÓN

La ensalada: disponer las hojas de rúcula en un tazón grande. Acomodar encima el jamón, los bocconcini y los croutons.

La vinagreta: batir enérgicamente todos los ingredientes hasta lograr una emulsión totalmente integrada.

Condimentar la ensalada, a último momento, con la vinagreta, revolviendo bien, con cucharas grandes o con las manos.

Cómo hacer los croutons

Para hacer los croutons, cortar rebanadas de pan de molde blanco o pan francés en cubitos y freírlos en abundante aceite muy caliente. Una vez dorados, escurrirlos con cuidado y dejarlos enfriar sobre papel absorbente de cocina.

Ceviche

INGREDIENTES

1 kg de pescado blanco
a elección, sin espinas, cortado
en cubos pequeños

jugo de 6 limones

jugo de 3 limas*

2 cebollas moradas, finamente
picadas**

1 diente de ajo, finamente picado

2 cdas. de ají/chile molido

1 cdita. de jengibre/kion rallado
(opcional)

8 cdas. de aceite de oliva

1 taza de cilantro*** fresco, picado

sal

Rinde para 12 personas

* Puede reemplazarse por más
limones.

** Se pueden picar en cubitos,
aunque la forma clásica es en
"pluma", o sea, alargadas muy finas.

*** En Perú se lo llama culantro.

Este clásico plato peruano es hoy un favorito de la cocina internacional. Se puede preparar prácticamente con cualquier pescado; lo importante es que esté bien fresco.

PREPARACIÓN

En un recipiente grande, mezclar el pescado con el jugo de los limones y las limas. Dejar macerar, entre 40 y 60 minutos, hasta que el pescado se vuelva blanco (no debe dejarse demasiado tiempo, su punto justo es cuando está blando y suave). Retirar el jugo. Mezclar con el resto de los ingredientes. Servir frío en cazuelitas individuales o en una cazuela grande.

Nota: para lograr el éxito de esta receta, el pescado debe ser extremadamente fresco. No debe prepararse con pescado congelado.

CURIOSIDADES: CÓMO SE SIRVE EN PERÚ

▌Se puede preparar un "ceviche mixto" mezclando pescado con mariscos, como vieiras/ostiones, langostinos o almejas. Estos mariscos deben cocinarse previamente.

▌El clásico acompañamiento del ceviche es la batata/camote/patata dulce cocida, enfriada y cortada en rodajas. En algunas regiones se acompaña con yuca y en otras, con las famosas papas/patatas "a la huancaína" (cocidas y bañadas en una salsa fría de queso crema picante).

▌Se presenta en general sobre hojas de lechuga y adornado con granos de maíz seco tostado, también llamado "cancha".

Generosos
para compartir

Cazuela de pollo

Un plato casero, sabroso, económico y fácil de hacer.
Ideal para las reuniones de muchos comensales.

INGREDIENTES

3 tazas de arroz blanco

1 pollo entero

1 zanahoria, cortada en trozos grandes

1 cebolla, cortada en trozos grandes

2 tallos de apio, cortados en trozos grandes

1 ramito de hierbas frescas (perejil, romero, tomillo, orégano, u otras) atadas con un cordel/piolín

1 cda. de granos de pimienta negra, enteros

4 cdas. de aceite de oliva

2 cebollas, picadas

200 g / 7 oz de bacon/panceta/ tocino, en cubitos

1 ají/chile colorado, picado

2 manzanas verdes, peladas y ralladas

ralladura de 1 limón

jugo de 2 limones

1 cda. de pimentón/páprika molida

300 ml de crema de leche

sal y pimienta

Rinde para 6 personas

PREPARACIÓN

Colocar el pollo entero y limpio, sin vísceras, en una cacerola grande, con abundante agua, hasta apenas cubrirlo. Agregar la zanahoria, la cebolla, el apio, el ramito de hierbas, la pimienta negra y la sal. Hervir durante 40-50 minutos, hasta que la carne del pollo esté bien tierna. Retirar del agua y dejar enfriar unos minutos*. Quitar la piel y desmenuzar toda la carne en trozos pequeños.
Calentar una olla con el aceite de oliva y saltear las cebollas picadas hasta que estén transparentes, agregar el bacon, el ají y cocinar durante 10 minutos. Incorporar el pollo desmenuzado y cocinar 10 minutos más. Agregar las manzanas y cocinar 5 minutos más. Añadir la ralladura y el jugo de limón. Condimentar con sal, pimienta y pimentón. Volcarle la crema, esperar que llegue al punto de ebullición y cocinar 5 minutos más. Servir en cazuelas con arroz blanco en el fondo.

* Nota: no descartar el agua de cocción, ya que habremos obtenido un delicioso caldo de pollo, para tomar así o para saborizar otras recetas.

Opción picante: *se le puede dar a este plato un toque picante, agregándole 2 cucharaditas de ají/chile picante molido o pasta de ají. Regular la cantidad según el gusto de los comensales. Como alternativa, se puede presentar por separado (para que cada uno le agregue según su gusto) una salsita picante hecha con 1/2 cebolla picada muy fina, salteada en 2 cucharadas de aceite de oliva, a la que le agregamos una cucharada de ají molido picante.*

Penne con ricota fresca, aceite de oliva, tomatitos y berenjenas

INGREDIENTES

1 taza de aceite de oliva

2 berenjenas, sin pelar, cortadas en láminas muy finas

1 cebolla, picada

1 kg de penne*

3 tazas de tomates/jitomates cherry, cortados al medio

300 g / 10 ½ oz de ricota

sal y pimienta

Rinde para 10 personas

* Se puede reemplazar por cualquier otra pasta seca corta, como fusilli, orecchiette o farfalle.

Un rico plato de pastas es una excelente opción para recibir amigos. Gusta siempre, es fácil de preparar y se le puede dar un toque original, como proponemos en esta receta.

PREPARACIÓN

En una cacerola poner a hervir abundante agua con sal. En una sartén, calentar 2/3 de la taza de aceite de oliva hasta que esté caliente y freír las láminas de berenjena, de a pocas, hasta que estén doradas. Escurrirlas, colocándolas sobre papel absorbente y reservar. Calentar en una sartén grande el aceite de oliva restante y saltear la cebolla, hasta que quede transparente.

En ese momento, echar la pasta al agua hirviendo y, mientras ésta se cocina, terminar de preparar la salsa. Agregar a la sartén los tomates cherry y condimentar con sal y pimienta. Cocinar durante 3 minutos o hasta que los tomates estén apenas tiernos.

Cuando la pasta esté al dente (seguir los minutos de cocción indicados en el envase), escurrirla y volcarla junto con la ricota en la sartén. Revolver bien y agregar las berenjenas. Servir inmediatamente, con queso parmesano rallado.

INGREDIENTES

4 cdas. de aceite

2 cebollas grandes, picadas

2 dientes de ajo, aplastados

1 cda. de jengibre/kion fresco, rallado

2 cdas. de curry

1 cda. de sal

2 cdas. de vinagre de vino

1 $^1/_2$ kg de carne de cordero, desgrasada
y cortada en cubos

1 lata de 400 g / 14 oz de tomates/jitomates
con su jugo

2 pimientos morrones colorados, cortados
en cubos pequeños

2 cdas. de hojas de menta fresca, picadas

1 cda. de garam masala*

Para acompañar:

3 vasos de cous cous

3 vasos de agua

1 cda. de mantequilla/manteca
a temperatura ambiente

sal

Rinde para 8 personas

* El garam masala es una combinación de especias
de origen hindú, que se puede comprar o hacer en
casa, moliendo en mortero las siguientes especias:
2 cdas. de semillas de coriandro, 1 cda. de semillas
de comino, $^1/_2$ cda. de granos de pimienta negra,
1 cda. de vainas de cardamomo secas, 2 cdas.
de canela molida, $^1/_2$ cdita. de clavos de olor
y $^1/_2$ cdita. de nuez moscada rallada.

Curry de cordero con cous cous

Si nuestros amigos aprecian los sabores exóticos, no dudes en ofrecerles este delicioso curry. Es importante utilizar especias con buen aroma y de calidad.

PREPARACIÓN

Calentar en una cacerola el aceite y saltear la cebolla junto con los ajos y el jengibre. Luego agregar el curry, la sal, el vinagre, mezclar y cocinar durante 1 minuto. Incorporar el cordero y cocinar durante 5 minutos revolviendo para que se impregne bien con todas las especias. Agregar los tomates, los pimientos y las hojas de menta. Tapar y cocinar a fuego bajo durante 1 ¹/₂ hora. Revolver de vez en cuando para que no se pegue y controlar la cantidad de líquido. Si fuese necesario añadir un poco de agua. A último momento, agregar el garam masala y cocinar 2 minutos más. Servir el curry en una fuente y acompañar con el cous cous *(ver abajo)*, en otra. Para servir platos individuales, se puede dar forma al cous cous con un cono en el centro del plato, el curry alrededor y unas hojas de menta frescas, como presentamos en la foto.

Cómo preparar el cous cous

El cous cous se prepara a último momento, antes de sentarse a la mesa, y se lo debe mantener caliente en la cacerola tapada. Para prepararlo, hervir los 3 vasos de agua con sal en una cacerola, sin dejar que se consuma. Fuera del fuego, volcar de una sola vez el cous cous y tapar, dejar reposar mientras se hincha, durante 5 o 6 minutos aproximadamente. Luego, agregar la mantequilla. Con un tenedor, batir bien para incorporar y separar los granos. Calentar brevemente y servir.

Lasagna de mozzarella, salsa de tomate/jitomate y bolognesa

INGREDIENTES

Para la salsa bolognesa:

2 cdas. de aceite de oliva

50 g / 1 $\frac{1}{2}$ oz de mantequilla/manteca

1 cebolla grande, picada

2 zanahorias medianas, ralladas

2 tallos de apio, picados

500 g / 17 oz de carne molida magra

$\frac{1}{2}$ vaso de vino blanco

2 tazas de puré de tomate/jitomate

2 cdas. de albahaca, picada

sal y pimienta

Para armar la lasagna:

18 tapas de masa para lasagna*

6 tomates/jitomates pelados, cortados en rodajas finas

500 g / 17 oz de queso mozzarella rallado grueso

1 taza de queso parmesano rallado

Rinde para 8-10 personas

* Las tapas de masa para lasagna se venden precocidas en las casas de pastas frescas, aunque también se venden secas, listas para usar sin cocción previa. Se pueden utilizar, igualmente, tapas para canelones.

Este es el plato ideal para preparar el día anterior y hornear al momento. Además, es abundante y a todos les gusta. Sólo necesita una entrada o picada liviana, que no compita demasiado.

PREPARACIÓN

La salsa: calentar una sartén grande y honda, con el aceite y la mantequilla. Saltear los vegetales. Agregar la carne y dorar. Condimentar con sal y pimienta. Añadir el vino blanco y cocinar hasta que se evapore el alcohol. Incorporar el puré de tomate y cocinar tapado entre 1$\frac{1}{2}$ y 2 horas, revolviendo a intervalos. Agregar la albahaca y rectificar la sazón.

El armado: enmantequillar una fuente para horno. Comenzar a armar la lasagna cubriendo la base de la fuente con dos o tres capas de masa. Sobre éstas, distribuir 6-8 rodajas de tomate, 3-4 cucharadas de queso mozzarella, una cucharada de queso parmesano y 3-4 cucharadas de la salsa bolognesa. Repetir esta operación tres veces más, o las necesarias hasta llenar la fuente. Terminar con el resto del queso parmesano rallado. Llevar al horno a temperatura fuerte (220ºC) durante 30-35 minutos.

Guiso casero de lentejas

INGREDIENTES

1 kg de lentejas secas*

4 cdas. de aceite

2 cebollas picadas

200 g / 7 oz de
bacon/panceta/tocino en cubitos

2 zanahorias cortadas en cubitos

1 ají/chile colorado cortado
en cubitos

4 papas/patatas cortadas
en cubitos

2 cebollas de verdeo/de cambray
cortadas en rodajas finas

2 chorizos colorados en finas
rodajas

1 litro de caldo de verdura

2 cdas. de extracto de tomate

sal y pimienta

Rinde para 12 personas

* Las lentejas, como otros granos
secos, deben remojarse en agua toda
la noche anterior, salvo que el
envase indique que se pueden usar
directamente.

*Este es uno de los guisos más agradecidos y festejados por todos.
Es un plato tradicional, del que hay versiones más italianas o más
españolas, como la que proponemos aquí. Es ideal para cuando
hay muchos comensales, por ser económico y rendidor.*

PREPARACIÓN

Hervir las lentejas hasta que estén tiernas, escurrir y reservar. Calentar
una cacerola con el aceite y saltear las cebollas, hasta que estén
transparentes. Agregar el bacon y dorar unos minutos más. Incorporar
las zanahorias, el ají colorado y seguir la cocción 5 minutos. Agregar las
papas y las cebollas de verdeo, y cocinar otros 5 minutos. Por último,
incorporar las lentejas, los chorizos y cubrir con el caldo. Agregar
el extracto de tomate y cocinar durante una hora. Rectificar la sal
y pimienta. El guiso debe quedar sustancioso, comenzando a espesar.

Moussaka

Este célebre plato griego es una alternativa muy sabrosa, abundante, para ofrecer como plato principal. Recomendamos acompañarlo con un buen vino de cepas mediterráneas.

INGREDIENTES

Para la salsa de carne:

4 cdas. de aceite de oliva

2 cebollas picadas

1 kg de carne de cordero (o vacuna) molida

2 latas de 400 g / 14 oz de tomates/jitomates enteros picados, con su jugo

$1/2$ taza de caldo de carne

1 vaso de vino tinto

4 cdas. de perejil fresco picado

1 cda. de orégano seco

1 cdita. de canela

1 cdita. de miel

sal y pimienta

Para las berenjenas:

1 $1/4$ kg de berenjenas (3-4 unidades) cortadas en finas láminas

1 taza de sal gruesa

$1/2$ taza de aceite de oliva

Para el batido de queso:

$1/2$ litro de leche entera

200 g / 7 oz de queso mozzarella rallado

2 cdas. de queso feta o parmesano rallado

3 huevos y 3 yemas

1 pizca de nuez moscada, recién rallada

Rinde para 10 personas

PREPARACIÓN

La salsa: calentar en una sartén el aceite. Saltear la cebolla hasta que esté transparente, agregar la carne y cocinar a fuego fuerte durante 5-8 minutos. Agregar los tomates, el caldo, el vino y condimentar con perejil, orégano, canela, miel, sal y pimienta. Cocinar sin tapar, a fuego suave, hasta que el líquido se reduzca a la mitad, entre 30 y 40 minutos.

Las berenjenas: espolvorearlas con la sal gruesa y dejar reposar durante 30 minutos, enjuagar bajo agua fría y secar. Calentar una sartén con un $1/2$ taza de aceite de oliva. Cuando esté bien caliente, dorar las berenjenas de a tandas. Retirarlas y escurrirlas sobre papel absorbente de cocina.

El batido: batir la leche, el queso mozzarella, los huevos, las yemas y la nuez moscada, y cocinar a baño María revolviendo constantemente durante 15 minutos, hasta que espese, sin llegar a hervir, para que no se coagule el huevo.

El armado: enmantequillar una fuente apta para horno y cubrir su base con las láminas de berenjena. Sobre éstas, distribuir 3-4 cucharadas de salsa de carne y 3-4 cucharadas del batido de queso. Repetir el orden hasta terminar, cubrir con queso rallado y hornear durante 30-40 minutos, a fuego moderado (180ºC), hasta que esté burbujeante.

Chupe de mariscos

Este plato tradicional chileno es ideal para preparar cuando estamos cerca del mar, con variedad de mariscos frescos a la venta. Se suele servir en una cazuela de barro negra, y se acompaña con vinos blancos muy secos.

INGREDIENTES

500 g / 17 oz de langostinos/gambas crudas

500 g / 17 oz de otros mariscos surtidos (calamares, callos de vieiras/ostiones, abalones/locos, almejas, mejillones)*

Para la salsa:

2 cdas. de aceite

$1/2$ cebolla picada finita

2 cditas. de pimentón/páprika molida

150 g / 5 oz de mantequilla/manteca

6 cdas. de harina

1 litro de leche precalentada

1 vaso de caldo de cocción de los mariscos

1 vaso de vino blanco

200 ml de crema de leche

100 g / 3 $1/2$ oz de queso parmesano rallado

gotas de salsa de ají/chile picante o tabasco

sal y pimienta

Para armar el chupe:

4 papas/patatas cocidas, peladas, en cubos grandes

3 huevos duros cortados en cuartos

1 cda. de queso rallado

1 cda. de pan rallado/molido

Rinde para 12 personas

* Se pueden reemplazar por 500 g / 17 oz de pescado blanco cortado en cubos, o simplemente por más langostinos.

PREPARACIÓN

Los mariscos: cocinar los mariscos en agua con un chorrito de vino blanco, justo el tiempo necesario. Conservar el caldo de cocción. Los calamares deben cocinarse 30 minutos más; si se opta por el pescado, debe cortarse en cubos y dorarse previamente en aceite de oliva.

La salsa: en una sartén pequeña con aceite saltear la cebolla hasta que esté transparente, agregarle el pimentón molido, y reservar. En una cacerola grande, derretir la mantequilla, e incorporar la harina hasta formar una masita o roux. De a poco, agregar la leche, siempre revolviendo hasta que la salsa quede homogénea y espesa. Incorporar el caldo de cocción de los mariscos, el vino, la crema, el queso rallado y el salteado de pimentón. Mezclar bien y sazonar con sal, pimienta y gotas de salsa picante, a gusto.

El chupe: en una fuente grande o en cazuelas pequeñas *(foto)*, colocar las papas, los huevos duros y los mariscos, y cubrirlos con la salsa. Espolvorear con una mezcla de queso rallado y pan rallado y distribuir encima pequeños trocitos de mantequilla. Gratinar a horno fuerte (220ºC) durante 30 minutos.

Quiche de vegetales

INGREDIENTES

Para la masa:

250 g / 9 oz de harina

100 g / 3 ½ oz de mantequilla/
manteca fría en cubos

1 cdita. de sal

1 huevo

Para el relleno:

2 cdas. de aceite de oliva

1 cebolla picada

1 zanahoria rallada

½ pimiento morrón picado
en cubitos

2 atados de hojas de espinaca
blanqueadas (apenas hervidas)

1 taza de flores de brócoli/brécol
hervidas 5 minutos

1 taza de queso gruyère rallado*

1 taza de crema de leche

4 huevos

sal y pimienta

Rinde para 12 personas

* Se puede reemplazar por otro
queso semiduro, como émmenthal
o manchego.

*Lo crocante de la masa, unido a lo cremoso del relleno hacen
de esta quiche una verdadera delicia. Ideal para completar
una mesa-buffet con variedad de platos fríos y calientes.*

PREPARACIÓN

La masa: procesar la harina junto con la mantequilla y la sal hasta obtener
un arenado, o bien trabajar con un tenedor para obtener el mismo
resultado. Agregar el huevo y procesar o mezclar justo hasta que
se forme un bollo de masa uniforme (si es necesario, agregar unas gotas
de agua fría). Envolver en papel plástico transparente y llevar
al refrigerador durante 30 minutos. Estirar con un palo o rodillo
de amasar sobre una superficie enharinada y forrar un molde
(desmoldable) para tarta de 30 cm de diámetro. Cubrir la masa con
papel encerado y colocarle encima algo de peso, como porotos/frijoles
o garbanzos. Cocinar en horno a temperatura fuerte (220ºC), durante
10-15 minutos, hasta que esté apenas dorada. Retirar el papel.
El relleno: en una sartén, calentar el aceite de oliva y saltear la cebolla
hasta que esté transparente. Agregar la zanahoria y el pimiento morrón.
Cocinar hasta que las verduras estén tiernas. Retirar del fuego. Agregar
la espinaca picada, el brócoli, el queso y la crema. Batir ligeramente los
huevos e incorporarlos a la preparación. Condimentar con sal y
pimienta e integrar todo muy bien.
Colocar este relleno sobre la masa precocida y cocinar durante
30 minutos a temperatura moderada (180ºC). Servir caliente, tibia
o a temperatura ambiente.

Postres inolvidables

Tarta de frambuesas y chocolate blanco

INGREDIENTES

Para la masa:

120 g / 4 oz de galletitas/bizcochitos dulces de vainilla

100 g / 3 ¹/₂ oz de mantequilla/manteca

4 cdas. de dulce de frambuesa

Para el relleno:

200 g / 7 oz de chocolate blanco

3 huevos

50 g / 1 ¹/₂ oz de azúcar

150 ml de crema de leche

200 g / 7 oz de frutos rojos (frambuesas, moras, arándanos, etc.) frescos o descongelados

Rinde para 12 personas

Colorida y sorprendente, esta tarta es una delicia. Se puede preparar también con chocolate con leche o semiamargo, aunque el toque original del chocolate blanco es sencillamente perfecto.

PREPARACIÓN

La masa: moler las galletitas con el procesador, agregar la mantequilla (a temperatura ambiente) y continuar procesando. Volcar sobre una tartera desmoldable, redonda o alargada y emparejar la preparación con el dorso de una cuchara. Cocinar en el horno a temperatura fuerte (220ºC), durante 5 minutos. Retirar y dejar enfriar. Calentar el dulce de frambuesas a fuego bajo o en el microondas, para licuarlo un poco, y con él pintar toda la superficie de la masa.

El relleno: picar y derretir el chocolate en el microondas (a temperatura máxima, de a intervalos cada 15 o 30 segundos y revolviendo, cada vez, para emparejar el proceso). Batir los huevos con el azúcar durante 2 minutos hasta que estén espumosos. Agregar el chocolate derretido y la crema. Volcar toda la preparación en el molde con la base de galletitas. Cocinar en horno bajo (140º) durante 30 minutos. Dejar enfriar y llevar al refrigerador durante 2 horas. Desmoldar y decorar con los frutos rojos.

Mousse de chocolate
y corazón de dulce de leche

INGREDIENTES

4 claras

4 yemas

100 g / 3 ½ oz de azúcar

200 g / 7 oz de chocolate

200 ml de crema de leche

200 g / 7 oz de dulce de leche/cajeta/manjar *(ver abajo)*

Rinde para 12 personas

La recreación de un clásico de la gastronomía francesa, al que se le ha incorporado el famoso "dulce de leche". Este dulce originario de Sudamérica va conquistando los paladares de toda América y Europa. Aquí damos, además, la receta para prepararlo.

PREPARACIÓN

Batir las yemas con el azúcar hasta que estén espumosas. Picar el chocolate y derretirlo en el microondas, a intervalos de 30 segundos, revolviendo cada vez. Añadir el chocolate a las yemas. Batir la crema a medio punto. Batir las claras a punto de nieve. Incorporar la crema al chocolate y, por último, agregar las claras batidas con movimientos envolventes. Volcar la preparación en una fuente honda para servir. Colocar el dulce de leche en una manga o dulla. Introducirla dentro de la mousse y vaciar todo su contenido en el centro de la misma. Llevar al refrigerador durante 2 horas. Se puede acompañar con frutos secos, como nueces, almendras o avellanas.

Preparación del dulce de leche

Método fácil: colocar una lata de leche condensada en una cacerola con agua hirviendo durante una hora. Enfriar completamente antes de abrir. Batir ligeramente para obtener la consistencia clásica, espesa y lisa.

Método tradicional: colocar 1 litro de leche, una cucharadita de bicarbonato de sodio y otra de extracto de vainilla en una cacerola. Cuando suelte el primer hervor agregar 100 g / 3 ½ oz de azúcar y revolver. Cuando vuelve a hervir agregar otros 100 g / 3 ½ oz de azúcar y revolver. Añadirle una cucharada de glucosa. (Este ingrediente evitará que el dulce de leche se azucare con el tiempo. Si no se encuentra, el resultado será el mismo, aunque se puede cristalizar un poco con el paso de los días). Cocinar a fuego bajo, siempre revolviendo hasta obtener la consistencia deseada, entre 60 y 90 minutos.

Mousse de limón con champagne

Suave y delicado, es un postre que tiene el punto justo de ácido y dulce, de liviano y cremoso. Será un éxito como coronación en cualquier reunión de amigos.

INGREDIENTES

1 sobre de gelatina sin sabor (7 g / $^1/_4$ oz)

jugo de 2 limones

ralladura de 1 limón

1 lata de leche condensada

$^1/_2$ vaso de champagne

200 ml de crema de leche

4 claras

8 cdas. de azúcar

Rinde para 12 personas

PREPARACIÓN

Hidratar la gelatina en el jugo de limón. Calentar y mezclar con la leche condensada, el champagne y la ralladura de limón. Batir la crema a medio punto y reservar. Por otro lado, batir las claras hasta que estén espumosas, agregar el azúcar en forma de hilo y continuar batiendo hasta lograr un merengue firme y brillante. Agregar la crema batida a la leche condensada y, por último, el merengue con movimientos envolventes. Llevar al refrigerador durante 2 horas.
Servir por cucharadas, en copas o en una sola fuente honda.

Tarta Tatin de manzanas

INGREDIENTES

Para la masa quebrada o brisée:

150 g / 5 oz de harina

50 g / 1 1/2 oz de azúcar extra fino/glas/impalpable

70 g / 2 1/2 oz de mantequilla/ manteca cortada en cubos y fría

1 chorrito de agua helada

Para el relleno:

4 manzanas verdes

125 g / 4 1/2 oz de mantequilla/manteca

250 g / 9 oz de azúcar

1 cdita. de extracto de vainilla

Rinde para 1 tarta de 30 cm (para 8-10 personas)

Cómo distribuir las manzanas en la sartén y cómo colocarles la masa una vez que ya están tomando color.

Aunque es un postre francés, ya ha logrado instalarse entre los postres más famosos del mundo. Es, además, muy simple de hacer y siempre es festejado por todos.

PREPARACIÓN

La masa: colocar la harina, el azúcar extra fino y la mantequilla en el procesador. Procesar hasta lograr un arenado (o trabajar con un tenedor, en un recipiente de fondo redondo). Agregar el agua y procesar hasta obtener una masa tierna. Envolver en papel plástico transparente y dejar descansar en el refrigerador, durante 30 minutos.

El relleno: pelar las manzanas, cortarlas por la mitad y retirar las semillas (resulta muy fácil con la ayuda de una cucharita de hacer papas noisette). En una sartén apta para horno (es ideal si tiene doble asa de metal, pero nunca con mango de plástico o madera) calentar la mantequilla con el azúcar y la vainilla. Agregar las manzanas con la parte redondeada hacia abajo. Cocinar sobre la hornalla/hornilla durante 15-20 minutos a fuego moderado. Retirar del fuego y dejar que baje la temperatura de las manzanas. Estirar la masa con un rodillo de amasar sobre la mesada enharinada. Cubrir con la masa las manzanas y sellar bien los bordes. Llevar a horno moderado (180ºC) durante 30 minutos. Retirar, dejar reposar sólo durante 5 minutos (para que no se endurezca el caramelo y se pegue a la sartén) y desmoldar sobre un plato o fuente redonda.

Se puede servir caliente, tibia o a temperatura ambiente. Queda muy bien acompañada de una cucharada de helado de vainilla o un copete de crema chantilly.

Fondue de chocolate

INGREDIENTES

200 ml de crema de leche

300 g / 10 ½ oz de chocolate
cobertura semiamargo

1 kg de frutas variadas
(frutillas/fresas, peras,
duraznos/melocotones,
plátanos/bananas, uvas)

300 g / 10 ½ oz de frutas secas
variadas

300 g / 10 ½ oz de lengüitas
de gato* *(ver abajo)*

Rinde para 12 personas

* Se pueden reemplazar por una
variedad de merenguitos, bizcochitos
de vainilla, galletitas de champagne,
obleas, de chocolate, etc.

*Si en casa tenemos la cacerolita y el calentador para fondue,
podemos preparar este postre, que es uno de los ideales para
reunirse con amigos. Sorprendente y fácil, sólo requiere elegir
materias primas de buena calidad, y luego prepararlas
con un poco de cuidado.*

PREPARACIÓN

Calentar la crema. Picar el chocolate. Volcar la crema sobre
el chocolate, dejar reposar unos minutos y revolver hasta integrar.
Colocar la preparación en un recipiente para fondue, que pueda
mantener la temperatura caliente.

Elegir las frutas que estén mejores según la estación. Tratar
de seleccionar una variedad de texturas y de colores. Por ejemplo,
frutillas, plátanos y uvas. O bien kiwis, peras y ciruelas, o si no mangos,
piñas/ananás y melones, etc.

Para prepararlas: en primer lugar, se deben lavar muy bien. Luego,
cortar en rodajas o en cubos, según la forma de la fruta; dejar enteras
aquellas que son pequeñas, como las frambuesas. Los plátanos,
manzanas y peras se deberán rociar con jugo de limón para evitar
que se oxiden.

Preparar las lengüitas de gato

Batir con batidora 100 g / 3 ½ oz de mantequilla con 100 g / 3 ½ oz de azúcar extra fino hasta lograr
una crema. Incorporar unas gotas de extracto de vainilla. Agregar 2 claras de huevo (una por vez)
y batir hasta integrar totalmente. Con una espátula incorporar 100 g / 3 ½ oz de harina y revolver
hasta integrar. Colocar la preparación en una manga o dulla con boquilla lisa de 1 cm de diámetro
y formar las lengüitas sobre una bandeja para horno o una superficie de silicona.
Cocinar en horno moderado (180ºC) durante 5 minutos o hasta que los bordes estén dorados.
Retirar y dejar enfriar sobre una rejilla. Una vez frías guardar en un recipiente hermético.

Tarta Caprese

INGREDIENTES

300 g / 10 ¹/₂ oz de almendras peladas*

200 g / 7 oz de chocolate semiamargo previamente refrigerado

200 g / 7 oz de mantequilla/manteca

250 g / 9 oz de azúcar

6 huevos

1 cda. de harina

1 cdita. de polvo de hornear

2 cdas. de licor tipo Strega o ron

* Se pueden reemplazar por nueces.

Rinde para 12 personas

Si se dispone de poco tiempo, no se quiere correr riesgos y se necesita un postre que les guste a todos y que además rinda, esta es una excelente opción. Un clásico de la legendaria Isla de Capri.

PREPARACIÓN

Picar bien las almendras o nueces (deben quedar bien picadas). Rallar el chocolate. En otro recipiente, batir la mantequilla con el azúcar e incorporar los huevos (de a uno), siempre batiendo. Luego, añadir el chocolate rallado y las almendras. Por último, la harina, el polvo de hornear y el licor.

Forrar un molde redondo de 28 cm de diámetro con papel encerado y enmantequillarlo. Volcar la preparación y llevar a horno moderado (180°C), durante 50 minutos. Enfriar completamente antes de desmoldar y espolvorear con azúcar extra fino.

Opción: utilizar un molde cuadrado o rectangular y cortar en cubos para servir a modo de petit fours.

INGREDIENTES

Para la masa:

400 g / 14 oz de harina

150 g / 5 oz de azúcar extra fino/glas/impalpable

200 g / 7 oz de mantequilla/manteca fría, cortada en cubitos

2 huevos

Relleno de frutas frescas:

1 huevo

80 g / 3 oz de azúcar

20 g / $^3/_4$ oz de fécula de maíz

250 ml de leche

1 cdita. de extracto de vainilla

100 g / 3 $^1/_2$ oz de frutas frescas de estación (frutillas/fresas, kiwis, piña/ananá, etc.)

2 cdas. de miel

Relleno de frutas secas:

50 g / 1 $^1/_2$ oz de nueces

50 g / 1 $^1/_2$ oz de almendras

2 cdas. de miel

50 g / 1 $^1/_2$ oz de azúcar extra fino/glas/impalpable

1 yema y 1 clara

Relleno de chocolate:

100 g / 3 $^1/_2$ oz de chocolate

25 g / 1 oz de mantequilla/manteca

100 ml de crema de leche

Rinde 24 tartaletas
Los rellenos rinden para 8 tartaletas c/u

Degustación de tartaletas

Para los que les gusta la pastelería, le pueden dedicar algo de tiempo y quieren sorprender realmente a los amigos, proponemos este festival de tartaletas, que será irresistible para todos.

PREPARACIÓN

La masa: procesar la harina con el azúcar y la mantequilla hasta lograr un arenado. Agregar los huevos y trabajar unos instantes más hasta que se forme la masa. Si fuese necesario, añadir un chorrito de agua helada. Cubrir con papel plástico transparente y llevar al refrigerador, durante 30 minutos. Tener a mano moldecitos para tartaletas (redondos, cuadrados, iguales o variados). Estirar la masa sobre una superficie enharinada, cortar discos del tamaño de los moldecitos y forrar las tartaletas, por tandas. Cocinarlas en horno moderado (180°C), durante 10 minutos, hasta que la masa esté apenas dorada.

Relleno de frutas frescas: mezclar el huevo con el azúcar y la fécula de maíz. Calentar la leche hasta que comience a hervir. Fuera del fuego, volcar sobre los huevos y revolver rápidamente. Colocar nuevamente sobre el fuego y, con cuchara de madera, revolver justo hasta que la preparación espese. Agregar el extracto de vainilla, mezclar y cambiar de recipiente.

Dejar enfriar cubierta con papel plástico transparente en contacto (para evitar que se forme una capa dura en la superficie). Rellenar las tartaletas con una cucharadita de esta crema y decorar con frutas frescas. Pintarlas con la miel para darles brillo. En lo posible, servirlas dentro de las 2 horas de haberlas preparado.

Relleno de frutas secas: procesar las nueces y almendras. Agregar la miel. Batir la yema con el azúcar extra fino hasta que esté espumosa, e incorporar a la preparación de nueces y almendras. Batir la clara a punto nieve y agregarla a la preparación anterior. Rellenar las tartaletas y cocinar en horno moderado (180°C), durante 15 minutos.

Relleno de chocolate: picar el chocolate y derretirlo junto con la mantequilla. Batir la crema a medio punto e incorporarla a la preparación de chocolate. Rellenar las tartaletas y llevar al refrigerador durante 2 horas. Servir a temperatura ambiente.

Crumble de peras

INGREDIENTES

1 cda. de mantequilla/manteca

6 peras cortadas en gajos
(sin piel ni semillas)

2 cdas. de azúcar

150 g / 5 oz de pasas de uva
(opcional)

3 cdas. de azúcar negra/morena

2 cdas. de harina

2 cdas. de avena arrollada
gruesa*

3 cdas. de mantequilla/manteca
fría

Rinde para 10 personas

* Se puede reemplazar por otro
cereal, como granola o mezcla
de cereales.

Este postre es infalible y muy rápido, ideal para soluciones improvisadas a último momento. Se suele hacer con manzanas, aunque aquí proponemos una versión más original: con peras.

PREPARACIÓN

Calentar una sartén con una cucharada de mantequilla. Agregar las peras y dorar de ambos lados. Añadir el azúcar y caramelizar. Colocar la fruta en una fuente apta para el horno (o en varias individuales). Distribuir encima las pasas de uva.

Mezclar el azúcar negra con la harina, la avena y la mantequilla fría hasta obtener un arenado. Colocar sobre las peras y llevar a horno moderado (180ºC) hasta que la superficie esté dorada. Acompañar con cucharadas de helado de vainilla.

Opción: además de hacerse con peras o manzanas, se puede preparar con duraznos/melocotones, con damascos/albaricoques o con ciruelas.

Roulade esponjosa de frutillas/fresas

Vistosa y liviana, es una delicadeza para servir en cualquier ocasión. La podemos preparar temprano y conservar en frío.

INGREDIENTES

4 huevos

80 g / 3 oz de azúcar

1 cdita. de extracto de vainilla

80 g / 3 oz de harina

20 g / ³/4 oz de mantequilla/manteca derretida

10 cdas. de azúcar extra fino/glas/impalpable

300 ml de crema de leche

250 g / 9 oz de frutillas/fresas en rodajas finas*

Rinde para 12 personas

* Se pueden reemplazar por frambuesas o por duraznos/melocotones.

PREPARACIÓN

Batir los huevos con el azúcar y la vainilla hasta que doblen su volumen y estén pálidos y espumosos. Tamizar la harina e incorporarla con movimientos envolventes. Agregar suavemente la mantequilla derretida (pero no caliente). Colocar el batido en una bandeja para horno de 40 x 30 cm forrada con papel encerado, enmantequillado y enharinado. El batido debe cubrir toda la superficie en forma pareja. Espolvorearla con 3 cucharadas de azúcar extra fino. Cocinar la preparación en horno fuerte (220ºC) durante 10-12 minutos. Mientras está en el horno, colocar en la mesada un lienzo de cocina, extendido y espolvoreado en forma uniforme con 3 cucharadas de azúcar extra fino. Retirar el bizcochuelo del horno y desmoldarlo inmediatamente sobre el lienzo. Sacar con cuidado el papel encerado. Cortar los bordes para emparejar y enrollarlo junto con el lienzo *(ver abajo)*. Dejarlo enfriar de esa manera. Una vez frío, desenrollarlo, retirar el lienzo y untar con la crema batida con 3 cucharadas de azúcar extra fino. Distribuir encima las frutillas. Enrollar y espolvorear con azúcar extra fino.

Extender el batido en forma pareja sobre la bandeja con papel encerado. Desmoldar sobre el lienzo con azúcar extra fino y retirar el papel. Enrollar junto con el lienzo.

Cuadrados de naranja

INGREDIENTES

120 g / 4 oz de mantequilla/manteca

200 g / 7 oz de azúcar

ralladura de 1 naranja o 1 mandarina

1 huevo

1 cdita. de extracto de vainilla

175 g / 6 oz de harina

$1/2$ cdita. de polvo de hornear

1 pizca de sal

180 g / 6 oz de avena arrollada

4 cdas. de mermelada de naranja o mandarina

1 taza de gajos de naranja o mandarina sin piel *(ver pág. 21)*

Rinde para 12 personas

Este postre se puede preparar con anticipación, y tener ya cortado en cuadrados. Para comer en plato o con la mano. Es delicioso, fácil y diferente.

PREPARACIÓN

Batir la mantequilla con el azúcar hasta que esté cremosa. Agregar la ralladura de naranja. Incorporar el huevo y la vainilla, y continuar batiendo. Tamizar la harina con el polvo de hornear y la sal. Incorporar a la preparación de mantequilla con una espátula. Agregar la avena y formar una masa apenas unida. Colocar $2/3$ partes de la mezcla en una fuente para horno de 30 x 40 cm aproximadamente, distribuir con las manos hasta que quede de 1 cm de espesor. Utilizar la parte posterior de una cuchara para emparejar la superficie de la masa. Untar con la mermelada y colocar encima los gajos de naranja. Deshacer el resto de la masa sobre las naranjas como si le esparciéramos grumos encima. Cocinar en horno moderado (180°C), durante 30 minutos. Retirar, dejar entibiar y cortar en cuadrados de 5 cm de lado. Servir acompañados con crema fría batida, ligeramente endulzada, o bien con helado de naranja, para realzar el sabor.

Pía Fendrik

Inició su carrera profesional en el Instituto Argentino de Gastronomía. Luego se perfeccionó en la escuela de cocina del famoso chef Gato Dumas, en la Escuela de Sommeliers y en Pastelería Maestra. Ha trabajado para prestigiosas revistas femeninas y de estilo; entre ellas, *Para Ti*, *Sophia* y *Cuisine & Vins*; y para la editorial Atlántida, en el sector de decoración. También desarrolló catálogos y recetas para grandes marcas de empresas de alimentos, como *La Salamandra*, *Luchetti*, *Philadelphia*, etc.
Además de escribir libros de cocina, dicta cursos de gastronomía especializada.

Ángela Copello

Es fotógrafa profesional desde 1990. Comenzó sus estudios en la Escuela Argentina de Fotografía y luego se perfeccionó con fotógrafos consagrados. Sus fotografías han sido divulgadas en importantes revistas, como *Para Ti Decoración*, *Sophia*, *Jardín* y *Garden Illustrated*. Ha publicado varios libros, entre ellos, *Hijos del Sol* —sobre la cultura incaica— y *Paisajistas argentinos*.

Con las manos / para picar

Generosos para compartir

Postres inolvidables

V&R
EDITORAS

Dirección gastronómica y de arte: Trini Vergara
Producción: Pía Fendrik
Diseño: S|L estudio
Revisión de textos: Soledad Alliaud

© 2007 V&R Editoras S.A.
www.vreditoras.com

Argentina: Demaría 4412 (C1425AEB), Buenos Aires
Tel./Fax: (54-11) 4778-9444 y rotativas
e-mail: editorial@vreditoras.com

México: Av. Tamaulipas 145, Colonia Hipódromo Condesa,
Delegación Cuauhtémoc, México D. F. (C.P. 06170)
Tel./Fax: (5255) 5220-6620/6621 • 01800-543-4995
e-mail: editoras@vergarariba.com.mx

ISBN 978-987-612-056-2

Impreso en China. Printed in China

Abril de 2011

Fendrik, Pía
Cocina informal para amigos - 1ª ed. 1ªreimp. -
Ciudad Autónoma de Buenos Aires: V&R, 2011.
64 p.: il.; 19x19 cm.

ISBN 978-987-612-056-2

1. Libros de Cocina. I. Título
CDD 641.5

CONSULTAS Y COMENTARIOS
www.ricoyfacil.com
ricoyfacil@vreditoras.com